COUPLETS

FAITS

POUR LA PREMIÈRE RÉUNION

DES

BONNES AMIES,

Le Vendredi 3 Janvier 1806.

COUPLETS

Pour être chantés à la première Réunion des BONNES AMIES chez M. SÉGUIN, et immédiatement après les Tours d'adresse d'OLIVIER.

AIR: *De la Pipe de Tabac.*

DE bonne foi j'admire et j'aime
L'art merveilleux d'escamoter.
Par goût, et par intérêt même,
J'ai du penchant à le chanter.
Je prends Olivier pour oracle,
Depuis que, par un beau secret,
Il m'a fait trouver (c'est miracle!)
Plus d'un écu dans mon gousset.

A propos d'Olivier, Javote *
M'a dit tantôt d'un air discret :
» Savez-vous qu'Abel escamote
» Les Bons ** que son Papa lui fait. »

C'est une plaisanterie, car sa bonne sœur
Zoé m'a bien assuré que :

S'il ne les rembourse en science,
Espiègle, il s'acquitte en gaîté ;
Et déjà son intelligence
Rend son Papa fort endetté.

Loin de moi, qu'à lui je m'attaque
Non : son grand sabre me fait peur.
Mais à ses côtés je remarque
Zoé, ses succès, sa douceur.
Esprit, aimable caractère,
Savoir modeste, heureux talent !
Zoé, pour enchanter son Père,
Vous escamote à sa Maman.

* C'est la Bonne d'*Abel*.

** Quand *Abel* prend bien ses leçons, son Papa
lui donne un bon sur sa caisse.

Ah! Félicité *!... Quelle mère
Près de vous n'a formé le vœu
D'avoir le goût qui vous éclaire,
Ou d'en escamoter un peu?
Ce goût vous l'apprîtes à Claire ** :
Des Grâces et de la Beauté,
Par elle, pour charmer, pour plaire,
Le sceptre fut escamoté.

Lorsque pour ma santé je vote,
Je chante : *C'est de par Seguin*
Que la Gélatine escamote
Et la fièvre et le médecin.
Seguin sert à la fois, en France,
La chimie et l'humanité;
Oui : de cette double science,
En ami, Fourcroi l'a doté.

* Madame Séguin.

** Madame Dewailly, sœur de Madame Séguin.

Avec vous, Messieurs, je m'empresse
De convenir que, par malheur,
En esprit, ainsi qu'en finesse,
Je suis un froid escamoteur.
Je m'esquive... — Car mon audace
Mériteroit que, de bon cœur,
On fît escamoter, sans grace,
Mes Couplets et même... l'Auteur.

GOUJON *l'aîné.*

COUPLETS

Chantés par Mme. DE MORAND.

AIR: *Si Pauline est dans l'indigence.*

SAUBADE, Paulin, Léonie,
Sont de Garrat les trois enfans;
Dans leur mère ils ont une amie
Qui pour eux a des soins touchans!
Tous trois à sa vive tendresse
Répondent par leurs sentimens;
Et plus leur mère les caresse,
Plus ils cultivent les talens.

Un succès mérité couronne
Les efforts du trio charmant;
Aux bals, aux concerts on lui donne
Un sincère applaudissement:
Saubade, Paulin, Léonie,
Travaillez toujours avec fruit;
Elle est peu de chose la vie,
Si le talent ne l'embellit.

Par M. CLOZIER.

COUPLET

Chanté par Mme. DE MORAND.

~~~~~~~~~~

AIR: *Quand l'Amour naquit à Cithère.*

EULALIE a, par excellence,
Modeste candeur et bonté;
Au travail, au jeu, à la danse,
Qui la voit en est enchanté.
Ainsi tout en elle présage
Que les succès les plus flatteurs
Pourront bientôt, devançant l'âge,
La mettre à côté de ses sœurs.

Par M. MENTELLE, de l'Institut national.

COUPLET

Chanté par M. AZEVEDO.

~~~~~~~~~~~~

AIR: *Ce fut par la faute du sort.*

DE vertus, de talens, d'attraits,
Élise est l'heureux assemblage,
Dans ses études, ses progrès
Surpassent de beaucoup son âge :
On rechercherait vainement
Ailleurs tout ce qu'on trouve en elle ;
Pourrait-il en être autrement ?
Elle a sa mère pour modèle.

Par M. MENTELLE, de l'Institut national.

COUPLETS

Chantés par Mme. DE MORAND.

~~~~~~~~~~~~~~

A I R : *De la Pipe de Tabac.*

Un matin, dans la Solitude,
Nous vîmes la jeune Amica ;
Elle étoit toute à son étude,
Ce que chacun bien remarqua.
Des Auteurs de l'antique Rome
Elle avoit fait ample moisson,
Et les lisoit tout ainsi comme
En latin eût fait Cicéron.

Mais bientôt, à ce goût antique
Mêlant les talens enchanteurs,
De la danse et de la musique
Elle offre les charmes flatteurs ;
Mais Amica ne peut prétendre
Parmi nous à s'en prévaloir,
Car pour plaire et pour tout apprendre,
Il lui suffit de le vouloir.

Par M. MENTELLE , de l'Institut national.

COUPLET

Chanté par Mme. DE MORAND.

~~~~~~~~~~

AIR: *De la Pipe de Tabac.*

QUE d'autres d'un ton héroïque
Chantent l'auteur de *Marius*,
Moi j'aime sa gaîté caustique,
Son bon cœur, ses douces vertus,
Soit que de son fils il promène
Le fougueux cheval de carton,
Soit qu'émule de La Fontaine,
En fable il nous parle raison.

Par M. PICARD.

COUPLET

Chanté par M. Siau, au nom de Mme. Angot.

~~~~~~~~~~~~~~

Air: *Du Serin qui te fait envie.*

Je suis un vrai battant de cloche,
Dans ce monde faisant grand bruit :
Ce grand bruit on me le reproche,
Et partout sur mon compte on rit;
Même sur moi je sais qu'un juge
A fait son rapport en chanson.
Qu'il montre donc comment il juge
Une dame de ma façon !

Par M. Clozier.

COUPLETS

Chantés par M. CLOZIER.

~~~~~~~~~

AIR: *En revenant de Saint-Denis.*

SANS dout' qu'a not' commère Angot
Je n'suis pas fait pour chercher noise;
Mais quand chacun z'en dit son mot,
D'sus ell' faut z'aussi qu'j'en dégoise:
D'ailleurs, avec son ton hautain,
Ell' nous trait' tout comm' du fretin;
Les ceux qui s'en font trop accroire
Mérit' qu'on débit' leur histoire.

Ainsi, pour en revenir au fait
De c'te dam' de nouvell' fabrique,
J'vous dirai qu' son cher père étoit,
Sauf vot' respect, tireux d'manique;
L'pèr' Noël Garriot z'étoit sav'tier.
J'sais bien que gn'a pas d'sot métier;
Mais quand j'vois un' sott' qui s'oublie,
J'rappell' sa généralogie.

Du pèr' Garriot j'étois l'voisin ;
J'voyois sa femme peu ferlue,
La hott' sus l'dos, l'crochet z'en main,
Ramasser la chiff' dans la rue ;
D'son crochet si bien ell' jouoit
Qu' la hott' promptement s'remplissoit ;
Elle était comme l'commissaire,
Qui veut que rien n'traîne par terre.

C'est justement leur fill' Magd'lon
Qu'est z'aujourd'hui si gross' madame ;
Elle étoit r'vendeuse de saumon
Quand Glaude Angot la prit pour femme.
Glaude Angot d'sus l'pavé d'Paris
Vendoit z'alors de vieux habits.
Leux fortune étoit tell'ment lourde,
Qu'on pouvoit la t'nir à main gourde.

Arriv' not' révolution,
C'est l'vrai temps d'la métamorphose ;
Angot s'fait faiséux d'motion :
N'faut pas rester sans êt' queuqu' chose.
Aux Jacobins il s'agitoit,
Tandis qu'sa femme y tricottoit ;
Et pour que le profit fut double,
Tous les deux pêchoient en eau trouble.

Bientôt v'la nos gens d'sus l'trottoir,
Leur ménag' joliment se monte;
Tout l'Pérou paroit y pleuvoir :
A force d'prendre on perd la honte.
Angot s'établit hardiment
Fournisseux du Gouvernement;
On n'cherche plus d'autre pratique,
Drès qu'on fournit z'un' République.

Du d'puis qu' l'homme à madame Angot
S'est fourré dans la fourniture,
Elle est brillant' comme un gros lot;
Ell' ne marche plus qu'en voiture;
Ell' port' la robe à falbala,
Diamans, rouge, *et cœtera*.
Queux bon métier d'êt' patriote !
Quand ça r'tir' comm' ça de la crotte.

Chaque matin, sans le mâcher,
Elle aval' son verr' de rogome;
Chaqu' soir aussi, s'allant coucher,
Ell' s'en r'flanqu' pour provoquer l'somme;
Ces deux coups réguliers qu'ell' prend
Sont sans préjudic' du courant;
Du paf plus on forc' la pitance,
Et moins l'on craint la défaillance.

C'te dam' vous lâch' les B, les F,
Tout en voulant singer la prude;
De çà n'lui faisons pas grief;
Peut-on rompre un' vieille habitude?
Malgré la richesse et le rang,
La caqu' toujours sent le hareng;
A tort on cache son origine;
Le langage fait qu'on la devine.

Dans ce monde il est abondamment,
Comm' madame Angot, des richardes,
Qui, dans le princip', tout simplement
Etoient d'nos commèr' les poissardes;
Surtout qu'ell' ne fass' pas fi d'nous,
Ou j'les équipp' pour leux cinq sols....
J'voulons bien qu'ell' soient z'opulentes;
Mais non qu'ell' fass' les insolentes.

Par M. Clozier.

RÉPONSE

De Mᵐᵉ. ANGOT, aux couplets de
M. CLOZIER.

AIR : *En revenant de Saint-Denis.*

C'SRAIT ici matière à procès,
Car, malgré leur bonn' contenance,
On sait qu'je n'me rendis jamais
A personne, en première instance :
Mais vous parlez bien ; tout est dit,
Et quand on a z'autant d'esprit,
On n'craint pas que l'on nous réforme.
L'fond passe en faveur de la forme.

Par M. MENTELLE , de l'Institut national.

COUPLETS

POUR M. ET Mme. SEGUIN,

ET LEURS DEUX ENFANS,

Chantés par Mme. TOMEONI.

~~~~~~~~~~~

SEGUIN, tu donnes à l'Enfance
Une fête qui nous ravit,
Aux doux plaisirs de l'innocence,
Ton cœur ému toujours sourit :
Ils nous peignent ton ame pure,
Ces plaisirs auxquels tu souris ;
Tes goûts sont tous dans la nature ;
Par la nature tu jouis.

SEGUIN, ton Épouse adorable,
Quand tu veux fêter les enfans,
Pour rendre la fête agréable,
Seconde tes efforts touchans ;
Tendre mère, épouse sensible,
La vertu réside en son cœur :
Avec Elle il est impossible
Qu'il manque rien à ton bonheur.

Charmant ABEL, Zoé charmante,
Vos Parens, pour vous rendre heureux,
Ont l'ame toujours surveillante;
Vos Parens devinent vos vœux:
Ainsi travaillez pour leur plaire,
Bonne Zoé, joyeux ABEL,
Un bon père, une bonne mère
Sont le plus doux présent du Ciel.

Par M. CLOZIER.

DE L'IMPRIMERIE DE DELANCE,
Rue des Mathurins, hôtel Cluny.

COUPLETS

Chantés par M. SIAU.

~~~~~~~~~~

AIR : *Vive un bon Garçon.*

RENÉ, bon luron,
Joue, saute, babille,
C'est un vrai démon
De bonne famille,
   Et bon,
Lan farira dondaine,
   Et gai,
La farira dondé.

   Il fait c'qu'il lui plaît
Sans qu'on lui commande,
Mais jamais ne fait
Ce qu'on lui demande,
   Et bon,
Lan farira dondaine,
   Et gai,
La farira dondé.

Tout a sa saison ;
Un jour avec l'âge
Ce joli garçon
Deviendra plus sage,
Et bon,
Lan farira dondaine,
Et gai,
La farira dondé.

Par M. Mentelle, de l'Institut national.

COUPLET

Chanté par Mme. DE MORAND.

~~~~~~~~~~

AIR: *L'hymen est un lieu charmant.*

L'HYMEN vous comble de faveurs,
Vous avez toute sa tendresse;
Au sein d'une aimable jeunesse
Vous en goûtez bien les douceurs.
Puisque la vie est un passage
Sur son chemin sèmons des fleurs,
Holstein, dans votre heureux ménage,
Le frère et ses charmantes sœurs
Feront tous les frais du voyage.

Par M. MENTELLE, de l'Institut national.

COUPLETS

Chantés par M. AZEVEDO.

~~~~~~~~~~~

AIR : *Du Pas redoublé.*

COMPTONS les enfans de Coincy,
　　Cinq garçons et trois filles.
Les garçons plaisent ; mais aussi
　　Les filles sont gentilles :
Tous huit ils sont intéressans ;
　　Quel heureux assemblage !
Tous huit sont pourvus de talens
　　En raison de leur âge.

Il faut voir danser et chanter
　　Henriette et Delphine !
Il faut voir, pour les imiter,
　　Travailler Honorine !
Auguste, Alexandre, au latin
　　Se livrent avec zèle ;
Alphonse et Félix pour Paulin
　　Seront un doux modèle.

Par M. CLOZIER.

COUPLET

Chanté par Mme. DE MORAND.

~~~~~~~~~~~~

AIR : *Il faut des Epoux assortis.*

EULER ! Newton ! soyez surpris.....
Fixez cet enfant plein de grâces.
A huit ans il obtient des prix,
En cherchant à suivre vos traces.
De ce jeune enfant chaque essai
Est déjà presque un coup de maître,
L'aimable Adolphe Bourqueney
Par ses talens se fait connaître.

Par M. CLOZIER.

COUPLET

Chanté par Mme. DE MORAND.

~~~~~~~~~~~~~~

AIR: *Mon Dorilas.*

LE nom de Colard a des droits
A nos bons couplets de famille,
S'il se peut chantons à la fois
La mère et sa charmante fille.
Chez l'une et l'autre on aperçoit
Beauté, gaîté, talent de plaire,
Et chez la fille on entrevoit
Déjà les vertus de la mère.

Par M. MENTELLE, de l'Institut national.

COUPLET

Chanté par Mme. DE MORAND.

~~~~~~~~~~

AIR: *Du Ballet des Pierrots.*

Ecoutez Jules, et vous Laure,
Les conseils d'un de vos amis;
Vous n'en êtes qu'à votre aurore,
C'est le temps d'avoir des avis;
Pour être aimables et pour plaire,
Ne cherchez pas un plan nouveau:
Imitant en tout votre père,
Méritez le nom d'Azevedo.

Par M. MENTELLE, de l'Institut national.

✱ ✱

COUPLETS

sur JULE et LAURE AZEVEDO,

Chantés par M. SIAU.

~~~~~~~~~

AIR : *Quand un Tendron vient dans ces lieux.*

MESSIEURS, écoutez un moment
Les grands travaux de Jule ;
Quoiqu'il soit doux et complaisant ,
  C'est un petit Hercule :
    Entreprenant , .
    Le nez au vent ,
Il a franchi la brèche de Rolland ;
    On disoit
    A Cauterêt ,
Le terrible garçon que c'est.

  Laure, sa sœur, a de l'esprit ;
Elle est vive, elle est bonne,
Et chacun , tout bas, applaudit
  La petite personne ;
    Mais bientôt
    Que de bravos !

Et je prétends
Qu'avant qu'elle ait quinze ans,
Bien plus haut
L'on s'écriera :
L'aimable fille que voilà.

Ces enfans ont je ne sais quoi
Qui n'est pas ordinaire,
Et je crois deviner pourquoi
Sitôt ils savent plaire ;
Assurément,
Papa, Maman,
Leur ont transmis cet art, vraiment
Charmant ;
En ce cas
Je ne vois pas
Le merveilleux de tout cela.

Par M. SIAU.

COUPLET

Chanté par Mme. DE MORAND.

AIR : *Oui noir, mais pas si diable.*

Pour être un diable à quatre
Abel est sans égal ;
Il jure, il veut tout battre,
Grimpé sur son cheval.   (*Bis*).
Si ce petit vaurien
Ne lit pas toujours bien ,
Déjà c'est une ruse
Qui trouve son excuse
Dans cet âge qu'amuse
Le premier papillon.
  Démon , Démon ,
Tu n'en es pas moins bon.   (*Bis*).

Par M. de Morand.

COUPLET

Chanté par Mme. DE MORAND.

~~~~~~~~~~~

AIR: *Oui noir, mais pas si diable.*

Zoé n'a de l'enfance
Que l'âge et la candeur;
Sa sagesse d'avance
Répond à sa douceur.　　(*Bis.*)
Dans tout ce qu'elle fait
On voit que son projet
Est de charmer son père,
Est d'imiter sa mère.
Ce moyen sûr de plaire
Réussira bientôt.
　　Zozo, Zozo,
Quel seroit ton défaut?　　(*Bis.*)

Par M. DE MORAND.

COUPLET

Chanté par Mme. DE MORAND.

~~~~~~~~~~

AIR : *Il faut des Epoux assortis.*

PLEYEL réunit au savoir
De la profonde Germanie,
Le magique et brillant pouvoir
De la séduisante Ausonie;
Tour à tour il nous fait aimer
Le grave, le doux, le sévère;
L'étude le fait nous charmer,
La nature le fit pour plaire.

Par M. MENTELLE, de l'Institut national.

COUPLET

Chanté par Mme. DE MORAND.

~~~~~~~~~~~~~~

AIR : *Daignez m'épargner le reste.*

Le jeune Méhul à quinze ans
De son oncle suivait la trace ;
Par son travail, avec le tems,
A ses côtés il aura place ;
Dans la carrière du talent
Il entre d'un pas ferme et leste ;
Il commence à pas de géant,
En grand-homme il fera le reste.

Par M. MENTELLE, de l'Institut national.

COUPLET

Chanté par Mme. DE MORAND.

~~~~~~~~~~~~~~

AIR : *Dans ce Salon où du Poussin.*

Méhul a su nous enchanter
Par la plus savante harmonie ;
Mais peut-on dignement chanter
Son profond et riche génie !
Modeste au milieu des succès,
Il mérite et fuit nos hommages :
Que ne peut-il vivre à jamais
Autant que vivront ses ouvrages !

Par M. MENTELLE, de l'Institut national.

COUPLETS

Chantés par Mme. DE MORAND
et M. AZEVEDO.

AIR: *Que j'aime mon cher Hippolyte.*

DE Piccini, de Sacchini,
L'Europe a célébré la gloire;
Mais, tout jeune, Cherubini
Vint leur disputer la victoire.
Pour plaire, pour être applaudi,
Il ne lui fallut que paroître;
Et digne élève de Sarti
Il surpassa bientôt son maître.

Mais pourquoi, loin de ton pays,
Occuper ta Muse divine?
Viens jouir avec tes amis
Des progrès de ta Victorine:
Porter tes talens enchanteurs
Chez nos ennemis! Quel dommage!
Ils se prétendroient nos vainqueurs
S'ils te possédoient davantage.

Par M. MENTELLE, de l'Institut national.

COUPLETS

Chantés par Mme. DE MORAND.

AIR: *Un jour de cet automne.*

Ce fut un jour d'automne,
De Bordeaux revenant,
Que je vis chez Ænone
Un prodige étonnant !
    Il chante,
    Enchante,
    Il étonne,
Rien n'est si surprenant.

Que je vis chez Ænone
Un prodige étonnant ;
Quoi ! lui dis-je, mignone,
Est ce un dieu qu'on entend ?
    Il chante,
    Enchante,
    Il étonne,
Rien n'est si surprenant.

Quoi ! lui dis-je, mignone,

Est-ce un dieu qu'on entend ?

C'est Garat en personne,

Oui, c'est le Dieu du chant !

Il chante,

Enchante,

Il étonne,

Rien n'est si surprenant.

Par M. MENTELLE, *de l'Institut national.*

COUPLET

Chanté par Mme. DE MORAND.

~~~~~~~~~~~~~~~

AIR : *Femmes voulez-vous éprouver.*

VIOTTI, nouveau créateur
Du Concerto, de la Sonate,
Dis-nous par quel art enchanteur
Ton génie étonne et nous flatte ?
Tes motifs neufs, tes traits brillans,
Ce son si suave et si tendre,
Ont formé les plus grands talens,
Mais c'est toi qui les fais entendre.

Par M. MENTELLE, de l'Institut national.

COUPLET

Chanté par M. AZEVEDO.

~~~~~~~~~~~~~~

AIR: *De Joconde*.

ON dit qu'un jour entre les Dieux
  Survint une rupture,
Chacun prétendoit faire mieux
  Humaine créature :
Beauté, bonté, grâces, talens,
  Guidés par la Nature,
Ensemble ayant formé Morand,
  Gagnèrent la gageure.

Par M. MENTELLE, de l'Institut national.

COUPLET

Chanté par Mme. DE MORAND.

AIR: *Vous avez vu dans cette enceinte.*

MIOT fut de bonne heure utile,
Dans les conseils, par ses avis;
En diplomatie homme habile,
Ses plans furent souvent suivis;
Mais la félicité suprême
Presque toujours fuit la grandeur:
L'épouse et les enfans qu'il aime
Ont bien plus fait pour son bonheur.

Par M. MENTELLE, de l'Institut national.

COUPLET

Chanté par M. AZEVEDO.

~~~~~~~~~~~~~~~~

AIR *noté.*

PAR sa méthode et sa clarté
FOURCROI d'abord se fit connoître;
FOURCROI, de rang en rang porté,
Dans l'art de dire est un grand maître.
Entre les noms les plus fameux,
Le sien passera d'âge en âge :
Surtout il fit beaucoup d'heureux,
Et ce fut son plus cher ouvrage.

Par M. MENTELLE, de l'Institut national.

COUPLETS

Chantés par Mme. DE MORAND,
et M. AZEVEDO.

~~~~~~~~~~~~~

AIR : *Du petit Matelot.*

Qu'ELLE a de charmes la Chimie,
Quand d'un habile Professeur
Et l'éloquence et le génie
Lui donnent un air de douceur !
Jadis elle étoit hérissée
Des plus rudes expressions;
FOURCROI sait nous la rendre aisée
Par ses instructives leçons.

FOURCROI dans son laboratoire,
FOURCROI dans les Conseils d'État,
Est toujours l'homme que la gloire
Environne de son éclat :
Son nom célèbre dans l'histoire,
Célèbre aussi dans notre cœur,
S'inscrit au temple de Mémoire,
Et la France s'en fait honneur.

Par M. CLOZIER.

COUPLETS

Chantés par M. AZEVEDO.

~~~~~~~~

AIR : *Du haut en bas.*

En abrégé,
D'Anquetil célébrons la gloire !
En abrégé,
On est au moins son obligé ;
Il soulage notre mémoire,
Donnant l'universelle Histoire
En abrégé.

En abrégé,
Célébrer un si grand mérite !....
En abrégé,
Suffit-il qu'il soit louangé ?
Au reste, en un temps de faillite,
C'est encor beaucoup qu'on s'acquitte
En abrégé.

Par M. CLOZIER.

COUPLET

Chanté par Mme. DE MORAND.

〰〰〰〰〰〰

Sur M. MORELLET, de l'Institut national.

AIR : *On compteroit les diamans.*

D'UNE rigueur hors de saison
Son bon esprit sait se défendre,
Il a toujours parlé raison
Comme il a toujours su l'entendre.
Ses yeux ne sont pas offensés
Par nos plaisirs trop peu durables,
Le doyen des hommes sensés
L'est aussi des hommes aimables.

Par M. ARNAULT, de l'Institut national.

COUPLETS

Chantés par Mme. DE MORAND.

~~~~~~~~~~~~~~~~

AIR : *Annette à l'âge de quinze ans.*

SAVANT avec simplicité,
Par la plus aimable gaîté
Mentelle plait, et son esprit
    Jamais ne blesse,
    Mais intéresse
    A ce qu'il dit.

Ce monde où l'on marche à tâtons,
Il l'éclaire par ses leçons,
Grâce à lui, Marchands, curieux,
    Portent, rapportent,
    Et se transportent
    Dans tous les lieux.

Le cœur de Mentelle, au surplus,
Est ce que je prise le plus;
Fidèle à l'ami qu'il a fait,
    Il perd la carte
    Dès qu'il s'écarte
    De son objet.

Par M. DE MORAND.

COUPLET

Chanté par Mme. DE MORAND.

~~~~~~~~~~

AIR: *Daignez m'épargner le reste.*

Ami qu'a trop favorisé
Des neuf Muses la plus gentille,
Pourquoi, sous un nom déguisé,
Caches-tu ton nom de famille?
Je dois dénoncer cet écart;
Ta fantaisie est singulière,
De te faire appeler Picard
Quand tu peux t'appeler Molière.

Par M. ARNAULT, de l'Institut national.